AF586856

SEYMOUR DE RICCI

QUELQUES BIBLIOPHILES

III

M. LOUIS BARTHOU

PLAISIR DE BIBLIOPHILE

1927

QUELQUES BIBLIOPHILES

III. — M. LOUIS BARTHOU

L est des amateurs qui, par un rare privilège de la naissance ou de la fortune, n'ont eu qu'à *vouloir* pour créer leurs collections; il en est d'autres, au contraire, pour lesquels chaque pas en avant, chaque étape vers leur idéal, fut le résultat d'un effort prolongé, d'un dur labeur, trop souvent d'un sacrifice. L'historien de la bibliophilie éprouvera le plus profond respect pour un duc d'Aumale, un James de Rothschild, un Eugène Dutuit: sa sympathie et son admiration iront droit à un Louis Barthou.

Trouver, parmi les devoirs absorbants d'une vie parlementaire et publique inexorablement active, le temps matériel de s'adonner à des travaux littéraires est déjà une œuvre plus que méritoire; réussir, sans avoir eu à sa disposition les ressources d'un grand bibliophile, à se constituer une collection enviée et admirée par les amateurs du monde entier, est un exploit dont seule était capable une personnalité aussi vigoureusement trempée que celle de M. Barthou.

La bibliophilie, chez notre amateur, ne se manifesta

pas, tout d'abord, comme une vocation irrésistible : pendant de longues années, M. Barthou, grand liseur depuis son plus jeune âge, prenait autant et plus de plaisir à lire les livres qu'à les acquérir. Ce penchant ne l'a jamais quitté : on a pu dire, presque sans exagération, que, parmi les grands bibliophiles parisiens, M. Barthou était à peu près le seul à aimer lire et relire les volumes de sa bibliothèque. A ses débuts au barreau et dans la vie politique, il lisait infatigablement tout ce qui lui tombait sous la main ; mais, dès cette époque, c'est vers l'histoire et la littérature que le portaient d'irrésistibles préférences. Deux incidents caractéristiques donnèrent corps, en quelque sorte, à ses sympathies littéraires. Admirateur passionné de Victor Hugo, il eut la joie de recevoir d'Auguste Vacquerie un précieux autographe du poète; un voyage d'Anatole France dans le Midi permit à M. Barthou d'ébaucher une amitié que seule la mort devait briser. Victor Hugo et Anatole France : ces deux noms ne symbolisent-ils pas toute l'activité littéraire de M. Barthou, telle que nous la voyons, il y a quarante ans déjà, se former et se caractériser au pied des Pyrénées?

Cependant, le jeune député devenait ministre et, comme on ne vit pas impunément au milieu du maroquin, notre liseur acharné devint bien vite bibliophile. Le hasard, favorisant son goût inné pour la perfection des formes, le fit entrer aux *Amis des Livres*, la plus ancienne de nos sociétés de bibliophiles. Quelques visites chez Rouquette, au passage Choiseul, chez Damascène Morgand, au passage des Panoramas, précisèrent chez lui le goût du bel exemplaire et de la riche reliure. La France compta bientôt un bibliophile de plus.

Comme tant d'autres amateurs, il chercha d'abord sa voie : le « dix-huitième » le séduisit un instant; les classiques du Grand Siècle lui parurent, à bon droit, dignes d'être recherchés par le bibliophile le plus délicat; le livre moderne illustré retint aussi par moments son attention. Petit à petit, cependant, chez M. Barthou, l'historien et l'homme de lettres prirent le dessus. Ses goûts, graduellement, se cristallisèrent. Sans même, peut-être, qu'il s'en rendît pleinement compte, sa bibliothèque acquérait une personnalité qui, d'année en année, s'accentuait, se précisait, s'affirmait, avec quelque timidité d'abord, puis avec toute l'assurance que donne le succès. Aujourd'hui, la création est achevée dans ses parties principales; dès maintenant, la bibliothèque de M. Barthou est une construction solide et harmonieuse, un édifice d'une belle ordonnance, qui pourra sans doute grandir encore, mais qui ne changera plus guère dans ses grandes lignes. Le moment n'est-il pas venu de présenter au public ce cabinet déjà si célèbre et dont la porte, cependant, ne s'est encore ouverte qu'à quelques intimes et à quelques confrères en histoire littéraire? M. Barthou a bien voulu nous permettre de le tenter. Inlassablement, s'effaçant à chaque instant derrière son œuvre, il nous a largement ouvert ses vitrines, montré un à un ses plus précieux trésors, répondant à notre indiscrétion par l'empressement le plus désintéressé. Comment remercier cet ouvrier infatigable d'avoir, sur les rares loisirs que lui laissent les affaires de l'État, dérobé encore à ses travaux les heures qu'il a si généreusement passées à nous documenter? Nous avions honte d'abuser d'une pareille complaisance. Dix fois nous esquissions un départ, et dix fois M. Barthou nous retenait par son sourire. Comment résister aux séductions combinées de cette bibliothèque et de son propriétaire?

*
* *

Au troisième étage d'une paisible maison dont les fenêtres dominent les jardins du Grand Palais, M. Barthou habite un appartement spacieux, et où cependant ses livres sont à l'étroit. Le flot montant des volumes inonde les couloirs; en rangs pressés, les in-octavo montent à l'assaut des corniches. Pas un recoin qui soit perdu, pas un pan de mur que ne couvrent les rayons. Dans ce temple, il y a un sanctuaire : une petite pièce rectangulaire, largement éclairée par le soleil couchant. Tout autour, quatre armoires où rutile le maroquin : vous avez devant vous là collection de M. Louis Barthou.

C'est le cabinet d'un bibliophile littéraire extrêmement exclusif. Je ne jurerais pas que ses préférences en bibliophilie aient embrassé la totalité de ses préférences littéraires : mais ce dont je jurerai, c'est que rien ne lui fera admettre sur ses rayons un texte dont l'auteur lui soit indifférent. Aussi cherchera-t-on vainement dans ses vitrines, et les incunables, et les « seizième » à gravures sur bois, et les livres à figures du XVIIIe siècle et même les romantiques illustrés. L'ouvrage moderne de luxe n'y figure qu'à titre épisodique et non pas en vertu d'un plan prémédité.

Qu'y trouverons-nous donc? Les textes français célèbres, du xvie au xixe siècle, en éditions originales, dans la plus belle condition possible et avec des additions qui font de chaque volume un véritable écrin. Mais, dans ce choix même, l'amateur ne s'est pas interdit de choisir. C'est volontairement qu'il a réduit à quelques volumes l'œuvre d'un Voltaire; volontairement encore qu'il a laissé de côté un Stendhal et un Balzac; volontairement enfin que la littérature toute contemporaine a été réduite à quelques pages particulièrement significatives. C'est ce souci de sélection poussé à l'extrême qui fait le grand charme de cette bibliothèque : pas un volume dont le titre seul ne nous mette en appétit; nulle part de ces suites ternes d'ouvrages de second plan, constellées de loin en loin par un grand livre.

* * *

C'est avec un infini regret que je me vois obligé de sauter à pieds joints par-dessus trois siècles des lettres françaises. La place m'est trop mesurée pour pouvoir donner ici, même une brève indication des « têtes de colonne » qui, de 1500 à 1800, ont marqué les progrès de notre littérature. Les amateurs de livres anciens me tiendront sans doute rigueur de ne m'arrêter ici ni au Rabelais de 1553, ni aux cinq premiers Montaigne (1580-1595), ni aux Descartes, ni aux Pascal, ni aux La Rochefoucauld, ni aux La Bruyère, ni même aux

Bossuet, malgré la présence de délicieux volumes aux armes du prélat.

Ils m'en voudront, peut-être, plus encore de ne pas leur décrire en détail une charmante suite des éditions originales de La Fontaine; la série, réunie par Jules Lemaître, des pièces de Racine publiées séparément; une noble phalange de comédies de Molière; quelques Corneille, enfin, et non des moins appréciés.

Comment, pourtant, ne pas faire halte un instant devant le Régnier de 1608, dont le seul autre exemple connu chez un particulier est celui du baron Henri de Rothschild, provenant du général Tolozan, du comte de Lurde et du baron de Ruble; ou devant ce précieux exemplaire du Racine de De Sève, en maroquin rouge aux armes de Mirabeau, jadis chez Quentin-Bauchart et aujourd'hui enrichi d'une lettre autographe du poète à sa sœur?

De même, sur tout un rayon consacré aux grandes figures du XVIIIe siècle, nous ne retiendrons que le manuscrit d'une portion considérable de la *Nouvelle Héloïse*, un charmant petit manuscrit de Diderot (*Satyre contre le luxe à la manière de Perse*), le *Voltaire* de Renouard aux armes de la duchesse de Berry, quelques superbes lettres du vieillard de Ferney, *Les Entretiens de deux philosophes*, manuscrit autographe de Camille Desmoulins, et le manuscrit des *Dialogues entre le comte de M... et la marquise de M...*, inestimable récit autographe des amours de Mirabeau avec Sophie, marquise de Monnier[1].

1. Cf. L. Barthou, *Diderot, discours prononcé à la Sorbonne le 15 novembre 1913* (Paris, Helleu, 1914. In-8), 27 pp.; Diderot, *Le Neveu de*

Quant à la Révolution française elle est représentée par quelques articles de choix, parmi lesquels nous ne voulons signaler qu'un exemplaire du *Neuf Thermidor*, enrichi de deux pages autographes de Barras, relatives à cette journée, et de deux délibérations du Comité du Salut public, dont l'une ordonnant l'arrestation de Florian[1].

*
* *

C'est aux gloires littéraires du XIXe siècle que M. Barthou a élevé un monument : c'est à réunir leurs œuvres qu'il a consacré vingt années bien remplies; une ardeur infatigable, un flair surprenant, une patience à toute épreuve lui ont permis de réussir au delà de tout ce qu'il pouvait espérer, au delà de tout ce qu'avaient accompli ses devanciers. Un Lovenjoul avait sans doute accumulé davantage; ce grand collectionneur fut cependant un médiocre bibliophile qui, jusqu'à son dernier jour, demeura rétif à la séduction d'un exemplaire non rogné, d'une couverture immaculée, d'un maroquin savamment travaillé. Même un Noilly, avec toute son ardeur, n'eut jamais, comme notre amateur, la patience d'enrichir chaque volume d'un autographe approprié.

C'est à l'insertion de ces ornements additionnels que M. Barthou a donné tous ses soins. Encore une fois,

Rameau, avec préface de L. Barthou (Paris, Blaizot, 1924. In-4), XI-200 pp.; L. Barthou, *Mirabeau* (Paris, Hachette, 1913. In-8), 324 pp.; Dauphin Meunier, *Autour de Mirabeau, avec préface* de L. Barthou (Paris, Payot, 1926. In-8), 271 pp.

1. L. Barthou, *Le Neuf Thermidor* (Paris, Hachette, 1926. In-16), 127 pp.

notre bibliophile, pas plus qu'il n'a collectionné le livre pour son prix, n'a jamais recueilli un autographe pour sa simple rareté. Ce qu'il affectionne par-dessus tout, c'est le texte, le document littéraire ou historique. Et c'est pour cette raison qu'il a *truffé* ses livres, non au hasard des trouvailles, mais en vertu d'un plan sévèrement médité.

*
* *

C'est avec André Chénier que s'ouvre le « Plus Grand Siècle ». Voici d'abord sa rarissime plaquette de 1791, le *Jeu de Paume*, tel qu'il a vu le jour, dans sa couverture muette en papier fort bleu-foncé, livre introuvable, s'il en est, et que nous ne nous rappelons avoir vu qu'aux ventes Texcier et Claude-Lafontaine. A côté, nous trouvons la première édition des *Œuvres* du poète (1819), enrichie d'un poème autographe de Victor Hugo, de l'autographe des vers *Eh bien! je le voulais*... et de l'autographe, plus précieux encore, du poème célèbre *Abel, doux confident de mes jeunes mystères*, qu'accompagne une charmante lettre d'envoi de Sainte-Beuve à madame Paul Lacroix[1].

Dans une riche suite d'ouvrages de Chateaubriand, réservons une place spéciale au manuscrit de tout un chapitre des *Martyrs* (livre xx), provenant d'Armand Bertin, rédacteur en chef du *Journal des Débats*, qui l'avait donné, en 1830, à un ami. Nous avons hâte

1. Cf. *Œuvres poétiques d'André Chénier, avant-propos de* L. Barthou (Paris, Société des Amis des Livres, 1923. 2 vol. in-8).

d'arriver à Victor Hugo, véritable divinité de ce temple des lettres françaises.

Aucune série n'a été plus amoureusement choyée et nourrie par son propriétaire. Voici donc l'œuvre entière du grand poète, en exemplaires de choix dont chacun se distingue par quelque « remarque » exceptionnelle. M. Louis Barthou prend Victor Hugo au berceau, pour le conduire jusqu'à son apothéose. La dispersion, quelques mois avant la guerre, des reliques si longtemps conservées par Juliette Drouet fut, pour notre collectionneur, une occasion qu'il sut admirablement mettre à profit. Sa pénétration naturelle lui permit, dans cet amas de papiers d'une valeur bien inégale, de choisir ce qui avait vraiment le droit de passer à la postérité. Grâce à la piété éclairée de notre bibliophile, Victor Hugo, dans ces vitrines, revit dans ses pages les plus nobles et les plus émouvantes.

Et tout d'abord, voici le père du poète, ce général Hugo à qui M. Louis Barthou a consacré des pages attachantes; ses lettres à Victor, les lettres que lui ont adressées et Victor et ses frères; plusieurs des livres de classe de Victor; voici même tout un cahier de poèmes écrits par lui à treize et à quatorze ans[1].

On connaît la rareté du périodique le *Conservateur littéraire* (1819-1820, 3 vol.), rédigé en grande partie par Victor Hugo : à peine en connaît-on cinq ou six exemplaires complets. M. Louis Barthou en possède deux, l'un en veau de l'époque, fort élégamment relié,

1. L. Barthou, *Le général Hugo, 1773-1828, lettres et documents inédits* (Paris, Hachette, 1926. In-8), 206 pp.; *Victor Hugo élève de Biscarral* (Abbeville, 1925. In-16), 73 pp., dans la série *Les Amis d'Édouard*.

l'autre broché avec ses couvertures, provenant de Juliette Drouet. Victor Hugo y a inscrit de sa main, en marge de la table, l'indication des articles non signés dont il était l'auteur et a largement corrigé les trois volumes, en vue de leur utilisation postérieure dans *Littérature et philosophie mêlées* (1834).

Au *Conservateur littéraire*, M. Barthou a joint la *Muse française* (1823-1824), en livraisons, avec toutes ses couvertures bleu-clair, dans un état surprenant de fraîcheur.

A partir de ce moment, c'est la série complète des éditions originales de Hugo, chacune enrichie d'un autographe approprié au livre, d'un dessin, d'une dédicace piquante ou émouvante. Si notre amateur possède *Notre-Dame de Paris*, ce sera le superbe exemplaire de Robert Hoe, en maroquin doublé de Cuzin; mais il aura pris la peine d'y ajouter une lettre de l'auteur à son éditeur Gosselin, lui envoyant la préface et lui indiquant les exemplaires à distribuer : on relève, sur la liste, les noms de Vitet, de Sainte-Beuve, de Buloz et de Paul Lacroix. *Hernani* renferme des lettres relatives à la première et un des fameux billets d'entrée estampillés *Hierro*. *Ruy Blas* contient le manuscrit d'une scène; *Les Orientales*, dans une ravissante reliure de Gruel, l'autographe d'un poème; un autre exemplaire, de la huitième édition, porte cette dédicace à Juliette Drouet : *A vous ma beauté, à toi mon amour, toute mon âme à tes pieds, V. H.* Et ainsi de suite, pour toutes les œuvres de Hugo, depuis *Le Télégraphe* et *Les Destins de la Vendée* (1819), jusqu'aux *Quatre vents de l'Esprit* (1881). On y relève plusieurs pièces inconnues à tous les bibliographes, comme ce *Napoléon II* en épreuves dont la découverte a soulevé tant de problèmes [1].

Cet ensemble unique se complète par quelques recueils additionnels relatifs au poète : ses précieux carnets de notes et de croquis, provenant en partie de Juliette Drouet; un certain nombre de ses plus beaux dessins, notamment ceux qui remplissent un album commencé par Célestin Nanteuil; le livre de Chenay sur les *Dessins de Victor Hugo* (1863) avec le manuscrit autographe de la préface par Théophile Gautier; le célèbre « Album Noilly » d'autographes de Victor Hugo, revu par M. Barthou et « considérablement augmenté »; le *Livre d'Amour* de Sainte-Beuve, enrichi de plusieurs lettres de Sainte-Beuve à Hugo, documents révélateurs que nous ont fait connaître les *Amours d'un poète* [2].

*
* *

Tout auprès de Hugo, se groupent ses contemporains et ses amis. Gautier, tout d'abord, avec un très bel exemplaire de *Mademoiselle de Maupin*, relié par Cuzin et contenant les couvertures, qui sont, comme chacun le sait, introuvables. Musset, avec plusieurs belles poésies autographes et un superbe exemplaire de la *Confession d'un Enfant du Siècle,* dans lequel M. Barthou

1. L. Barthou. *Une plaquette unique de Victor Hugo*, dans *Bull. du bibliophile,* 1925, pp. 5-9 (cf., ibid., 1927, pp. 62-65).

2. L. Barthou, *Les Amours d'un Poète, documents inédits sur Victor Hugo* (Paris, Conard, 1919. In-8), VII, 388 pp.; cf. aussi *Autour d'un album romantique,* dans *Séance publique des Cinq Académies, le 25 octobre 1920,* (Paris, 1920. In-4), 112 pp.

a inséré la célèbre lettre à Paul Foucher (19 octobre 1827) provenant de la succession Georges Charpentier. Marceline Desbordes-Valmore, avec le manuscrit des *Pleurs* et un bien séduisant exemplaire de ses *Poésies* de 1820, précédées d'une lettre autographe de la poétesse à son éditeur: avec une touchante et pudique humilité, elle y parle des amis qui « m'ont amenée à rêver que je pourrais risquer l'impression ». Mérimée, enfin, avec l'autographe de son étude sur Brantôme et un des quatre ou cinq exemplaires connus de l'édition intégrale de ses *Lettres à Panizzi.*

Alfred de Vigny et Lamartine sont représentés, chez M. Louis Barthou, d'une façon à la fois si brillante et si complète que l'on voudrait s'arrêter longtemps sur ces deux « œuvres ». Le volume de lettres autographes de Vigny à Hugo, suffirait seul à rendre célèbre une bibliothèque[1]. Il voisine ici avec le manuscrit de *Chatterton*, celui de *Stello*, celui du *More de Venise*, celui de *Servitude et Grandeur militaires*, avec un volume enfin de *Reliquiae*, tout farci de poèmes autographes, parmi lesquels *La colère de Samson*. Un véritable bijou est le petit manuscrit de *Trois Élévations*, offert en 1830 à Marie Dorval, dans une exquise reliure mosaïquée de Simier, avec son étiquette.

Notons en passant que la reliure romantique est illustrée chez M. Barthou par deux autres trésors : *Les Poésies de Charles d'Orléans* (Grenoble, 1803), exemplaire d'A. Grattet Du Plessis, et l'exemplaire

1. L. Barthou, *Lettres inédites d'Alfred de Vigny à Victor Hugo, 1820-1831* (Paris, Emile-Paul, 1925. In-16), 77 pp. et portr.

unique sur peau de vélin des *Lettres de Napoléon à Joséphine* (Paris, Didot, 1833. 2 vol. in-8), dans une somptueuse reliure doublée, en maroquin bleu, aux armes impériales, avec son étui de l'époque, en maroquin rouge. Ces deux volumes, d'un luxe vraiment princier, avaient été offerts en 1834 à la reine Hortense par Mme Salvage de Faverolles.

*
* *

Il n'est homme au monde qui ait étudié Lamartine, aussi parfaitement que l'a fait M. Louis Barthou : il lui a consacré, nul ne l'ignore, plusieurs volumes, d'un intérêt suprême, largement documentés par son incomparable collection[1]. Prenons sur ses rayons un volume, presque au hasard. Ce seront les *Méditations* de 1820, avec l'autographe du poème sur le Tasse et un dessin de Prud'hon pour l'*Isolement*; ajoutez-y une lettre de Mme Charles à M. de Bonald, appelant Lamartine « cet intéressant jeune homme », l'article de Victor Hugo sur le poète, tiré du *Conservateur littéraire*, et une copie presque intégrale du *Lac* dans l'autographe d'Anatole France. N'est-ce pas là l'exemplaire véritablement unique et impossible à reconstituer?

A côté, nous trouvons les deux volumes de *La Chute d'un Ange*, cinquième édition (1838), exemplaire entièrement annoté et corrigé en vue de la sixième édition;

1. L. Barthou, *En marge des Confidences, lettres inédites de Lamartine* (Abbeville, octobre 1913. In-16) 48 pp., dans la série *Les Amis d'Édouard; La Politique rationnelle*, dans *Lamartine, 1833-1913* (Paris, Plon, 1914. In-16); *Lamartine orateur* (Paris, 1918. In-8), XVI, 376 pp.; *Voyage à travers mes livres : autour de Lamartine* (Paris, Payot, 1925. In-16), 224 pp.

puis ce sont deux carnets de brouillons pour *Jocelyn* (*L'Ordination* et *Les Laboureurs*) et de nombreux manuscrits de discours ou de poèmes isolés, comme *Milly ou la Terre natale*; enfin, voici une édition des *Harmonies*, luxueusement imprimée en 1915 pour M. Barthou, à un seul exemplaire, pour permettre à son possesseur d'y placer, vis-à-vis de chaque poème, un commentaire inédit dans l'autographe même de Lamartine.

*
* *

A mesure que la succession des temps nous rapproche de notre génération, la bibliothèque de M. Louis Barthou devient de plus en plus exclusive. L'absence de certains noms nous frappe, mais nous en devinons les raisons, avant même que M. Barthou n'ait pris la peine de nous les exposer : « J'ai fait, nous répète-t-il, *ma* bibliothèque et non pas celle des autres. Mon goût n'a jamais prétendu guider la mode, mais ce n'est pas la mode qui a inspiré les choix de mon goût. Je sais les lacunes de ma *librairie* : elles ne sont pas toutes involontaires. Formé par la culture latine, je suis très sensible au style. Si grands qu'ils soient par la pensée ou par la psychologie ou par leur puissance d'évocation, les auteurs qui écrivent mal ne sont pas sur mes rayons... de luxe. Je leur fais leur place ailleurs. » Les quelques écrivains aux œuvres desquels le bibliophile a réservé toutes ses tendresses, sont d'ailleurs ceux-là mêmes que nous espérions trouver représentés le plus richement dans ses vitrines : Flaubert, tout d'abord, avec un exemplaire des *Trois Contes* sur papier de Hollande et une lettre de Tourgueneff relative au volume; du même, le manuscrit autographe des *Mémoires d'un Fou* et *Madame Bovary* sur papier vélin fort, exemplaire des Goncourt, avec une page du manuscrit.

Baudelaire, ensuite, avec plusieurs exemplaires des *Fleurs du Mal*, chacun présentant quelque particularité piquante : une dédicace autographe, *à Sainte-Beuve, amitié familiale, Ch. Baudelaire*; une dédicace à Constantin Guys; une feuille de croquis par le poète (ces deux dernières pièces proviennent de la collection Arthur Meyer); enfin, dans l'édition de Vollard, M. Barthou a inséré le manuscrit des *Deux crépuscules* et plusieurs des beaux dessins originaux d'Émile Bernard[1].

*
* *

Quelques articles de choix marquent la présence d'un Verlaine, d'un Maupassant, d'un Alphonse Daudet. Pour ne signaler ici que des manuscrits capitaux, notons les autographes du *Colporteur* et du *Vagabond*, de Maupassant; de *Sagesse*, des *Amies* (cinq poèmes en entier) et de *Cellulairement*, de Verlaine (ce dernier recueil ne fut jamais publié sous cette forme); enfin le premier brouillon, « l'embryon » de *Sapho*, avec une dédicace à Henri Céard. C'est une relique infiniment précieuse, et qui nous fait assister à tout le travail préliminaire que Daudet s'était imposé : le premier

1. L. Barthou, *Autour de Baudelaire. Le Procès des Fleurs du Mal. Victor Hugo et Baudelaire* (Paris, Maison du Livre, 1917. In-8), 59 pp.

titre auquel l'auteur avait songé paraît être *Psyché*; puis il hésita entre *Salomé*, *Thaïs*, *Léda* et *Sapho*; il abandonna un instant ce dernier titre pour *Le Faune* ou *La Faunesse*, puis revint définitivement à *Sapho*. Voilà du moins ce que nous avons cru pouvoir déduire des ratures qui zèbrent en tous sens la première page de cet émouvant carnet.

A la même époque appartiennent plusieurs beaux manuscrits de Samain, une vingtaine de pages des *Illuminations* de Rimbaud, dont le manuscrit du *Bateau ivre*, et le propre exemplaire de Verlaine d'*Une Saison en Enfer*, avec l'autographe de trois des poèmes.

*
* *

Ce voyage trop hâtif à travers les livres de M. Louis Barthou prendra fin avec un coup d'œil rapide sur les œuvres de trois auteurs, auxquels l'ont attaché les liens d'une tendre amitié: Pierre Loti, Edmond Rostand et Anatole France.

Loti figure au grand complet sur ses rayons, avec toutes les raretés (ne serait-ce que cet exemplaire d'*Aziyadé* avec sa couverture lilas d'une fraîcheur immaculée) et plusieurs de ses plus beaux manuscrits : *Mon Frère Yves, le Mariage de Loti, Madame Chrysanthème* et la suite complète de ses articles de guerre.

De Rostand, voici *Les Musardises*, sur Chine; plusieurs exemplaires de *Cyrano*, sur Japon, sur papier vert, sur peau de vélin (le seul tiré); dans celui sur

Japon, figure l'autographe de la tirade des Nez et l'émouvant manuscrit du discours prononcé à Pont-aux-Dames par Rostand, aux obsèques de Coquelin aîné. A côté de l'*Aiglon*, voici le manuscrit de tout un acte, transcrit par Rosemonde Gérard. Et puis voici *Chantecler* sur Whatman, avec presque tout ce qu'il a été possible de conserver du manuscrit : les quatre sonnets liminaires, la Prière des petits oiseaux, l'Ode au soleil et toute la scène du Lever de l'aurore.

L'amitié d'Anatole France et de notre bibliophile formerait le sujet d'un des chapitres les plus piquants de l'histoire littéraire contemporaine. On connaît les pages sensibles et délicates consacrées par M. Barthou aux premières œuvres de France et à son passage par la Bibliothèque du Sénat. Les vitrines de M. Barthou renferment plus d'un témoignage de son affectueuse admiration pour son grand ami. Nous n'avons qu'à étendre la main pour toucher le manuscrit des *Désirs de Jean Servien*, ou celui d'*Abeille*, ou celui du *Lotus*, un des trois épisodes de Thaïs[1], ou celui du discours sur Montaigne, ou celui encore des *Vacances sentimentales en Alsace;* voici des portions considérables de ses derniers ouvrages : *Sur la Pierre blanche, les Dieux ont soif, le Petit Pierre;* voici enfin un précieux recueil de poésies autographes dont plusieurs n'ont jamais été publiées.

Même richesse dans la série des éditions originales de France : elle s'ouvre avec l'introuvable *Sainte-Radegonde* de 1859, un des cinq exemplaires connus.

1. Récemment reproduit en fac-similé par les soins de M. Barthou.

Pour les *Poèmes dorés*, ce sera l'exemplaire donné par France à son père; pour *Les Noces Corinthiennes*, celui de l'acteur Got. Sauf pour ces deux volumes, la série des « grands papiers » est au complet, avec les pièces les plus rares, comme *Thaïs* et la *Vie Littéraire*. Où chercher ailleurs pareil monument élevé à la gloire de M. Bergeret?

*
* *

Nous voici arrivés au terme de notre voyage; et pourtant, nous n'avons rien vu. C'est au moment d'achever cette description, que nous sentons à quel point elle a été cruellement sommaire. Que d'auteurs dont le nom n'a même pas été prononcé! Nous avons eu sous les yeux le manuscrit de la *628-E-8* de Mirbeau, avec les dessins originaux de Bonnard, et nous ne l'avons même pas cité; un exemplaire de *Boubouroche*, avec de très amples corrections, et nous n'avons même pas trouvé le temps d'en transcrire une; les *Chansons des Gueux* illustrées par Steinlen, avec d'innombrables pièces ajoutées, et nous avons vainement cherché un instant pour les examiner. Et nous n'avons rien dit de M. Barthou amateur de reliures, protecteur et ami du grand Marius-Michel, qui a exécuté pour lui tant d'admirables maroquins jansénistes avec doublures à décor floral! Nous avons passé sous silence et M. Barthou historien de Rachel et M. Barthou mélomane passionné, chroniqueur subtil des amours de Wagner, et M. Barthou ami éclairé de nos musées, à qui, chaque mois, il confie en dépôt ses plus chers trésors; et enfin M. Barthou homme d'État, et M. Barthou juriste qui, ayant prévu dès 1886 M. Barthou bibliophile, a démontré, à cette époque, dans sa thèse de doctorat, combien était peu fondé le mépris des anciens jurisconsultes pour les biens mobiliers quand ils élaborèrent le vieil adage : *vilis mobilium possessio !*

SEYMOUR DE RICCI.

www.ingramcontent.com/pod-product-compliance
Lightning Source LLC
LaVergne TN
LVHW052033160826
845678LV00003B/1319

* 9 7 8 2 3 2 9 6 3 4 5 0 0 *